A MESSIEURS

LES

CONCESSIONNAIRES

DES

DOCKS NAPOLÉON.

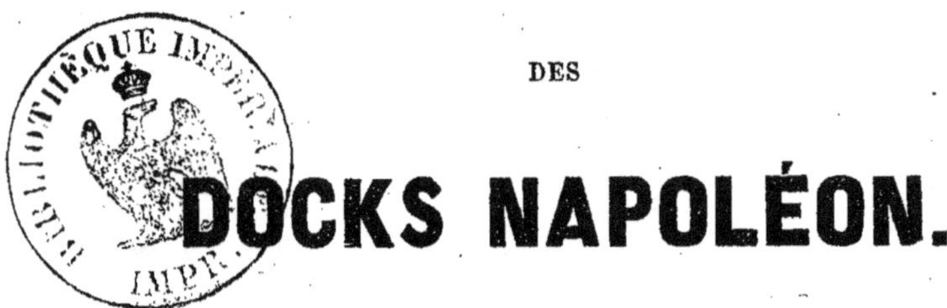

Depuis trois mois je réclame en vain (1), de vous, Messieurs, et la déclaration qui constate la régularité de mes comptes, et la juste indemnité à laquelle j'ai droit en raison du sacrifice que j'ai fait de mon temps et de mes intérêts personnels, pour remplir pendant dix mois les fonctions auxquelles vous m'aviez appelé dans l'Administration centrale des Docks.

Le refus calculé que vous m'opposez ne peut admettre, selon moi, que ces deux explications : où ma conduite dans l'accomplissement de mes devoirs et même envers vous, a été déloyale, où la vôtre envers moi est injuste, pour ne pas dire plus.

---

(1) J'avais pensé que l'intervention si respectable de M. de M... aurait déterminé MM. les concessionnaires à surmonter les intentions malveillantes qui les portent à opposer des refus spécieux à mes justes réclamations.—M. de M... le croyait aussi ; et comme on avait demandé qu'une lettre de ma part vînt expliquer l'allocation qui devait m'être faite, il m'indiqua en quels termes je devais l'écrire. — Voici cette lettre qui est restée sans réponse.

Paris, 31 octobre 1853.

MESSIEURS,

Je ne vous ai pas adressé la lettre que vous m'aviez demandée parce que j'ai pensé qu'elle n'avait pas d'utilité, dès que vous aviez reconnu qu'il m'était dû une indemnité pour le sacrifice que j'ai fait de mes affaires et de mon temps pour appartenir pendant

Je viens donc exposer ici quels ont été nos rapports; mais je dois de les soumettre au public, afin qu'il juge entre vous et moi.

A la fin d'août 1852, vous vous le rappellerez, Messieurs, sur la proposition de M. le baron de M..., je fus désigné pour former avec lui, M. V...., vous, M. L... et vous, M. C..., le Conseil d'Administration de la Société Linière de Pont-Remy. Cette circonstance a été la cause première de mes rapports avec vous.

Vous étiez alors en instance auprès du chef de l'Etat, pour obtenir l'autorisation d'établir des Docks à Paris, sur les terrains dont vous vous étiez assuré la disposition dans le quartier de Tivoli.

Le décret que vous sollicitiez fut signé à Roanne le 17 septembre.

Dans nos réunions de Pont-Remy, vous nous parliez du succès de vos démarches et de vos projets d'organisation de cette importante affaire. M. de M..., vous proposa ma coopération, et moi-même, Messieurs, je vous priai de disposer de moi.

Le 6 octobre j'étais à Pont-Remy, lorsque vous me fîtes dire par le télégraphe de revenir de suite auprès de vous.

M. de M..., que j'avais accompagné aux usines, fut d'avis que je devais répondre à votre appel; que je pouvais rendre d'utiles services dans l'Administration des Docks, et m'y créer une position très-honorable.

Je partis donc le soir même, et le lendemain je m'associais à tous vos travaux pour l'organisation de la Société.

Depuis cette époque jusqu'au 5 août dernier, tous mes instants ont été consacrés à l'Administration centrale des Docks.

Il est utile, Messieurs, de faire connaître les faits principaux qui se rattachent à cette importante affaire, non pas pour vous ni pour moi qui avons occupé les premiers emplois; mais pour ceux qui auront à apprécier comment chacun de nous a rempli le sien.

---

dix mois à l'administration des Docks, et, lorsqu'il y a eu lieu, pour m'occuper de l'emprunt de Bruxelles.

M. de M..., que j'ai consulté sur le chiffre équitable de cette rémunération, voudra bien vous faire connaître son appréciation à laquelle j'ai respectueusement déféré, comme à tous ses conseils.

En conséquence, pour répondre à votre désir, Messieurs, je prie M. de M., de vous remettre la présente lettre.

Veuillez recevoir, Messieurs, mes salutations les plus empressées.

Il est possible cependant que parfois j'intervertisse sans le vou-
loir l'ordre des faits, attendu que je suis privé de mes notes et que
je dois tout évoquer de mon souvenir.

Aussitôt après l'obtention du décret, vous vous êtes occupés,
Messieurs, de la rédaction des Statuts, et l'un de vous s'est rendu
à Londres pour y placer une partie importante des actions du
capital.

Les Statuts, que vous avez signés le 12 octobre, constituaient
un fonds social de 50 millions, divisé en 200 mille actions de 250 fr.
chacune, qui devaient être émises immédiatement et sur lesquelles
125 fr. étaient payables lors de la souscription.

Ils stipulaient que la Société ne serait constituée que par le fait
de la souscription intégrale des 200 mille actions, ce qui devait
être constaté par une déclaration authentique faite par vous.

Dans maintes occasions vous vous êtes prévalus de cette circonstance, Messieurs, que la souscription n'avait jamais été ouverte;
que le premier avis donné au public avait eu pour but d'annoncer
la clôture de cette souscription et que malgré cela 320 à 340 mille
actions avaient été demandées.

Mais pendant que nous étions ici accablés par les détails de
cette souscription, les négociations se poursuivaient à Londres, et
les avis que vous receviez vous faisaient espérer qu'elles auraient
les résultats les plus favorables.

C'est en raison de cette confiance que vous avez résolu de ré-
server pour le comité anglais, environ. . . . .   70,000 actions.

De conserver pour le Conseil d'administration,
pour votre maison de banque et pour diverses
demandes tardives, environ. . . . .   30,000 d°

Enfin d'en distribuer aux souscripteurs. . . .   100,000 d°

Ensemble. . . . .   200,000 actions.

Cependant, Messieurs, vous en avez accordé 106 mille environ.

Cette répartition venait d'être faite, quand le traité conclu à
Londres vous parvint et nous apprit à notre grand désappointe-
ment que ce que l'on vous avait annoncé comme une souscription
ferme de la part des maisons de Londres, n'était qu'une promesse
pompeuse, mais facultative, de s'occuper du placement d'un tiers
des actions (66,600).

L'insuffisance de ce traité apparut alors à celui qui l'avait admis;
il dut retourner à Londres, espérant le faire compléter;

Mais il en revint sans avoir rien obtenu.

Cependant, Messieurs, notre caisse s'était ouverte et les sous-cripteurs étaient venus retirer environ 85,000 actions. Or, comme vous aviez dû faire racheter 10,000 promesses, qui pesaient sur la place, et que 10,000 autres promesses n'avaient pas effectué leur versement, il restait de 112 à 115,000 actions non placées.

La Bourse, cependant, avait accueilli ces actions avec faveur; elles y avaient obtenu de suite un rang important parmi les valeurs de spéculation, et les opérations, dont elles formaient l'aliment, avaient pris une extension considérable.

Mais laissons momentanément ces actions, pour revenir aux préoccupations plus graves de votre cabinet.

Il est inutile de rappeler avec quelle insistance le vendeur des terrains du quartier de Tivoli réclamait la réalisation des traités provisoires, que vous aviez échangés avec lui. Il paraît que par suite de vos conventions vous vous trouviez dans cette alternative de devoir réaliser immédiatement ces traités ou de les abandonner définitivement.

Or, abandonner ces traités c'était renoncer au bénéfice du décret.

D'un autre côté, pour réaliser les traités, il fallait que la Société fût constituée et elle ne pouvait l'être qu'autant que les 200,000 actions auraient été souscrites.

Vous vous êtes déterminés, Messieurs, à déclarer ce fait accompli et la Société constituée.

En conséquence, les traités d'achat des terrains et des entrepôts furent successivement réalisés.

Cependant cette grave question n'était pas la seule qui vous préoccupât. Il y avait encore la formation du Conseil d'Administration. Tous vos efforts, à cet égard, restaient infructueux. Les notabilités, que la grandeur de l'affaire disposait à prendre part à son administration, se retiraient presqu'aussitôt; même quelques-unes d'entre elles ont cru devoir se défendre officiellement d'avoir concouru d'une manière quelconque à cette entreprise.

Vous vous trouviez, en effet, Messieurs, enfermés dans un cercle des plus fâcheux.

Pour compléter votre capital, il fallait l'impulsion d'un Conseil d'Administration puissant sur l'opinion; mais en présence de l'énorme déficit qu'il s'agissait de combler, personne n'osait prendre la responsabilité de vos actes. — Vous étiez donc réduits à l'impuissance.

Vous sentiez si bien que des moyens ordinaires étaient désormais inutiles, que vous sollicitiez du Gouvernement de nouveaux avantages, pour ramener la confiance publique.

Mais le Gouvernement, après cette triste expérience de votre savoir-faire, vous refusait de nouvelles concessions.

Il vous engageait à vous entendre avec une notabilité financière, dont l'influence et l'habileté pouvaient rendre à l'affaire le crédit qu'elle avait perdu.

C'était vous mettre sur la voie du salut ; mais comme vous deviez dès-lors abdiquer une autorité dont vous aviez rêvé le monopole, vous ajourniez sans cesse l'exécution de ce bon conseil.

Cependant, bientôt, il ne vous fut plus possible de rester stationnaires ; de toutes parts on demandait que l'on mît la main à l'œuvre.

Pour arrêter les plans définitifs des constructions des Docks, il était indispensable d'avoir la propriété des berges du chemin de fer de Saint-Germain, puisque si l'accès de cette voie était refusé, il fallait en ouvrir une autre.

Mais cette nouvelle entrave fut évitée ; la Compagnie de Saint-Germain ayant consenti à vendre aux Docks diverses parties de terrains comprises dans le triangle formé par le chemin de ronde, les rues de Saint-Pétersbourg et de Constantinople ; de plus à effectuer pour leur compte 400 à 550,000 mètres cubes de terrassements.

Par suite de ces négociations, un rapprochement malheureusement trop tardif ayant eu lieu entre le Directeur de la Compagnie de Saint-Germain et vous, M. E. P... promit d'intervenir dans l'administration des Docks ; il reçut alors communication de tous les documents établissant la situation réelle de la Société, et le 18 mars il signait le traité par lequel il acceptait provisoirement le titre d'administrateur en subordonnant son acceptation définitive à l'admission, par le Gouvernement, d'une série de demandes, qu'il avait consignées dans un rapport adressé la veille au Ministre.

Parmi ces demandes, quelques-unes réclamaient la sanction législative. — Un projet de loi fut présenté par le ministère. — Mais la session finit sans que cette loi ait été votée.

En conséquence, Messieurs, le 14 juillet, M. E. P... vous signifiait sa retraite.

Cet évènement fut suivi de ventes considérables d'actions, qui déterminèrent une baisse notable.

Vous savez, Messieurs, que l'on attribua ces ventes à notre administration. — Cependant cette allégation était contredite dans ma pensée, par le nombre d'actions détachées de leur souche, dont il était possible de disposer.

Mais ces ventes se prolongèrent, et même on prétendit que des actions qui n'avaient jamais été émises, c'est-à-dire dont le versement de 125 fr. n'avait jamais été fait, se trouvaient dans la circulation.

Enfin, le 5 août, vous me fîtes réclamer ce qu'il y avait dans ma caisse d'actions détachées de leur souche.

Je les livrai de suite, — mais à l'instant je résignai mes fonctions.

Depuis lors, je suis resté entièrement étranger à tout ce qui est advenu.

Pour ne pas interrompre ce rapide exposé, j'ai évité d'y intercaler des détails et des chiffres que je vais rétablir ici.

Vous savez, Messieurs, que les documents remis en mars à M. E. P... établissaient d'une manière incontestable, qu'à cette époque, le nombre des actions, sur lesquelles le versement de 125 fr. avait été effectué, était de . . . . . . 85,494 actions.
que 1,978 avaient été promises à divers . . . 1,978 —
Et que 112,528 restaient disponibles . . . 112,528 —

Ensemble . . . . . 200,000 actions.

Les 85,494 actions ci-dessus ont produit 10,686,750 fr

Cette somme s'est accrue de 247,250

produit des 1,978 actions promises et livrées à divers.

De sorte qu'au 5 août l'administration avait effectivement (1)
livré 87,472 actions et reçu par contre 10,934,000 fr.

------

(1) Sur cette somme de . . . . 10,934,000 fr.
  il a été payé savoir :
Pour les terrains de Tivoli. . . . 4,200,000 fr.
  Id. les entrepôts 4,600,000
  Id. frais divers. 100,000

Ensemble. 8,900,000

De sorte qu'il restait environ. 2,034,000
De plus les entrepôts ont fait verser. 203,000
Produits divers, ... 73,000
Ce qui formait au 5 août dernier une somme disponible de 2,310,000

Les 112,528 actions disponibles étaient représentées savoir :

1° par savoir : 107,200 actions (1) dont les titres encore attachés à la souche se trouvaient entre vos mains pour la signature.

2° Par 2,800 actions détachées de leur souche que je vous avais rendues, le 4 juillet, pour réduire à 90,000, le nombre de celles dont j'avais à rendre compte (2).

3° Enfin par 2,528 actions détachées de la souche que je conservais pour les échanges et livraisons, et qui étaient renfermées dans le coffre portatif, que l'on plaçait chaque soir dans la caisse. Ce sont les 2,528 que je vous ai remises, le 5 août, au moyen desquelles ce compte a été balancé définitivement.

112,528 actions.

En déclarant que les 200,000 actions du fonds social étaient intégralement souscrites, Messieurs, vous avez engagé votre responsabilité de la manière la plus grave.

Vous pensez bien que je ne parle pas ici de votre responsabilité matérielle, qui est nulle en présence d'un si grand risque.

---

(1) En voici le détail et les numéros :

500	titres verts de 20 actions	nos	2,201	à	2,500	6,000	actions.
1,500	do roses de 10	do	nos	3,501	à	5,000	15,000	do
9,800	do jaunes	4	do	nos	2,701	à	12.500	39,200	do
47,000	do blancs	1	do	nos	5,001	à	50,000	47,000	do

Ensemble. 107,200 do

(2) 87,472 délivrées aux souscripteurs.
2,528 rendues le 5 août.

90,000

Cette responsabilité, par malheur, retombe toute entière sur les porteurs des 87,472 actions.

Mais c'est de votre responsabilité devant la loi, pour avoir affirmé des faits si contraires à la vérité et envers les actionnaires pour les avoir exposés à des risques qu'ils n'avaient consenti à courir que dans des conditions fixées par vous-mêmes.

Cependant vous pouvez invoquer comme excuse, les difficultés de votre position. Ainsi:

Vous était-il permis d'abandonner une entreprise à laquelle le chef de l'Etat avait donné son nom?

Était-il juste de retirer des actions qui avaient déjà donné lieu à de si nombreuses et de si importantes transactions; que les propriétaires avaient achetées à des prix élevés et dont ils attendaient les résultats les plus avantageux?

Enfin pouviez-vous ne pas croire à la réalisation d'un projet dont l'utilité était généralement reconnue et qui avait trouvé dans le public un concours si empressé?

Vous voyez, Messieurs, que je ne dissimule pas les circonstances qui peuvent militer en votre faveur.

Mais après avoir pris cette détermination périlleuse, vous n'aviez qu'une seule ligne de conduite à tenir pour désarmer la juste sévérité des juges et pour opposer aux légitimes reproches des actionnaires, c'était de vous dévouer sans réserve aux intérêts de ces derniers, et surtout de vous abstenir de tout ce qui pouvait y porter atteinte.

Cette conduite a été celle de l'Administration, tant que j'y suis resté, et la vôtre, Messieurs, jusqu'au 14 juillet.

C'est ce jour que la signification de la retraite de M. E. P... m'a été remise. Je vous la portai aussitôt. Après en avoir pris connaissance, vous m'avez demandé si ce ne serait pas le cas de vendre des actions en raison de la baisse que cette nouvelle connue devait produire.

Je vous répondis, Messieurs, que mon opinion était de continuer à agir comme nous avions fait jusqu'alors, et je sortis.

Cependant je sus aussitôt que vous aviez pris une résolution différente. Comme vous aviez des actions à vos correspondants, je ne trouvai rien de blâmable dans cette détermination, qui pouvait présenter ce bon résultat de vous mettre en position d'avoir à racheter ces actions, après la sensation produite, et de relever ainsi leur cours.

Mais lorsque, pour effectuer les livraisons, on vint me demander les actions détachées que j'avais entre les mains, je les refusai absolument et me plaignis que l'on voulut compromettre l'Administration en la faisant ainsi participer à ces ventes.

Vous avez prétendu, Messieurs, que par suite de la déclaration que vous aviez faite de la souscription intégrale des actions, vous pouviez disposer de toutes celles non émises, puisque vous vous en étiez rendus responsables.

Je n'ai jamais admis cette argumentation par cette raison, c'est que vous étiez incapables de supporter cette responsabilité ; que dès-lors elle retombait sur les porteurs des 87,472 actions, et qu'il ne vous était pas permis de vous servir de leur propriété pour aggraver leur position.

C'est ce que vous avez fait cependant, Messieurs, et dans les conditions les plus compromettantes; vous avez pesé sur les cours lorsqu'ils étaient au-dessous du pair; vous n'avez pas fait à l'Administration le versement des 125 fr. par chaque action dont vous disposiez; vous avez vendu ces actions au-dessous du pair, de 10 à 20 fr., de sorte que vous vous mettiez dans cette position qu'un désastre seulement (et vous deviez l'amener en surchargeant ainsi la place), pouvait vous offrir une chance favorable.

Si vous dites, Messieurs, que vous n'avez pas vendu ces actions, que vous les avez prêtées; on peut vous répondre que le tort est le même de faire le mal, ou de fournir les moyens de le faire.

Puis à qui prêtiez-vous ces actions? A la maison Cusin Legendre et Compagnie? Mais le capital et le crédit de cette maison lui permettaient-ils de répondre d'une pareille opération? je ne le pensais pas.

Cependant, Messieurs, on nous attribuait la continuation des ventes importantes qui avaient lieu; plusieurs courtiers me reprochaient de ne pas les faire participer à cette aubaine. —Vainement je leur répondais que nous ne vendions pas; ils me disaient que les actions livrées étaient neuves et sortaient de la maison; cette circonstance des actions fraîchement détachées de la souche, suscita sans doute des observations, et pour y échapper on voulut disposer des 2,500 actions que j'avais dans mon service. On me les demanda.

Dès lors mes soupçons furent confirmés ; il ne m'était plus permis de conserver le moindre doute qu'un abus n'ait été commis et commis par vous ; je résignai aussitôt mes fonctions (5 août).

C'était le seul parti que j'eusse à prendre pour mettre ma responsabilité à couvert, puisqu'il n'existait pas de conseil d'administration, et que tout reposait sur vous trois.

M'était-il permis de compter sur vous ?

En effet, l'un de vous ne se trouve-t-il pas dans une condition qui infirme son témoignage ?

Le second ne s'est-il pas tenu, ou n'a-t-il pas été tenu en dehors de toutes choses, de manière à devoir plutôt demander des explications qu'à pouvoir en fournir ?

Enfin, le troisième ne m'a-t-il pas dit qu'il ne survivrait pas à la ruine de ses projets ?

Or, votre position personnelle ne pouvait-elle pas s'écrouler d'un moment à l'autre, si les actionnaires avaient provoqué une enquête, si le commissaire impérial avait voulu voir et savoir ?

Eh bien, si je fusse resté seul en présence des actionnaires ou du commissaire impérial, qu'aurais-je pu répondre à leurs questions ?

Savais-je ce qu'étaient devenues les actions que leurs numéros indiquent comme non placées ?

Où était passé le produit de celles dont on avait disposé ?

Si par hasard on n'avait pas pu en justifier, qui aurait consenti à croire que c'était à mon insu que ces dilapidations avaient été commises ?

Dès lors, toute la considération que j'ai toujours cherché à mériter était perdue.

Voilà, Messieurs, le sacrifice que je n'ai pas voulu vous faire.

Mais ai-je agi envers vous d'une manière hostile ? Bien loin de là ! je me suis abstenu d'aller à la Bourse, où il m'eût fallu donner des explications.

Je ne me suis pas présenté chez les notabilités qui avaient dû faire partie du conseil, afin que vous n'ayez pas le droit de dire que ma conduite avait été influencée. J'ai réduit mes démarches à informer de ma retraite de l'administration des Docks M. le président du tribunal de commerce, duquel je relève comme arbitre rapporteur, afin que s'il advenait quelque scandale, il fût bien constant que je n'y étais pour rien, et M. le syndic des agents de change, auquel, comme ancien membre de la Compagnie, je crois devoir compte de mes actes. Enfin, j'ai adressé à M. le commissaire impérial la lettre reproduite ci-après, à laquelle il m'a fait l'honneur de me répondre celle qui la suit (1).

---

(1)   Paris, 5 août 1853.

A Monsieur ARTHUR BERRYER, *Commissaire du Gouvernement près la Société des Docks Napoléon.*

Monsieur le Commissaire,

J'ai l'honneur de vous informer que j'ai résigné ce matin les fonctions que MM. Cusin Legendre m'avaient confiées dans l'administration des Docks.

J'aurais été heureux, Monsieur le Commissaire, de vous rendre compte de toutes choses dont j'ai été chargé ; mais si des explications à cet égard pouvaient vous être utiles, veuillez croire que je me mettrai à votre disposition avec le plus grand empressement.

Veuillez agréer, Monsieur le Commissaire, l'assurance de ma considération la plus distinguée.

(Signé) L. PICARD,

Ancien Agent de change, Arbitre près le Tribunal de commerce de la Seine,
Passage Saulnier, n° 6.

Monsieur,

L'état de ma santé m'a empêché jusqu'à ce jour de répondre à la lettre que vous m'avez fait l'honneur de m'écrire sous la date du 5 août dernier.

C'est avec regret que j'apprends que vous venez de résigner les fonctions que vous occupiez dans l'administration des Docks.

Les rapports que j'ai eu l'honneur d'entretenir avec vous m'ont donné de votre aptitude à la mission que vous aviez acceptée, l'idée la plus favorable pour vous.

Je veux croire que votre retraite n'est que momentanée, et que lorsque la Société des Docks sera en voie d'opération, j'aurai le plaisir de vous y revoir.

Je n'ai pas à connaître des causes qui ont pu guider votre conduite en cette occasion. Si cependant l'avenir me mettait dans l'obligation d'en rechercher les motifs, je sais par avance avec quelle sécurité je pourrai m'adresser à vous.

Veuillez agréer, Monsieur, l'expression de ma parfaite considération.

Le Commissaire du Gouvernement près la Société des Docks,

(Signé) **A. BERRYER.**

Versailles, le 25 août 1853.

A Monsieur PICARD,
Ancien Agent de change,
6, *passage Saulnier,*
PARIS.

Voilà, Messieurs, quelle a été ma conduite envers vous; je devrais dire mes griefs, puisque vous y avez répondu par les procédés que vous avez rendus aussi désobligeants qu'il vous a été possible.

Il est vrai que j'ai conservé par devers moi la main-courante des écritures de mes opérations et le livre des reçus des versements que j'ai faits à la caisse de MM. Cusin Legendre et Ce, banquiers des Docks; ces documents ont été déposés par moi sous cachet entre les mains de M. de M... De plus, que j'ai fait dresser l'état de tous les titres de caisse que j'ai laissés à votre délégué, qui l'a reconnu article par article, mais que vous avez refusé de me rendre signé par vous, de même que vous n'avez pas voulu me donner le quitus général de ma gestion.

Vous avez été blessés de ces mesures de précaution. Que voulez-vous? Je pouvais avoir à rendre compte de mes actes, non pas à vous, mais aux actionnaires, et il était nécessaire que les documents qui les justifient ne fussent pas distraits.

Pouvez-vous blâmer cette prudence?

Vous trouvez-vous dans une position tellement régulière qu'elle ne puisse avoir une issue funeste?

Après avoir déclaré souscrites les actions lorsqu'elles ne l'étaient pas, — après avoir fait prendre aux actionnaires des risques et une responsabilité que vous n'aviez pas droit de leur imposer, — vous avez disposé des actions qui leur appartenaient pour agir contre eux.

Quel droit avez-vous à leur indulgence?

Vous auriez agi régulièrement si ces actions avaient été placées au pair et le produit versé; mais en les vendant au dessous du pair, vous avez consenti une perte. Qui la supportera? — Qui supportera celle qui peut advenir si vous ne rachetez pas à des cours inférieurs?

L'événement le plus favorable pour vous, celui que vous devez appeler de vos vœux, serait une grande baisse qui vous permettrait de racheter avec bénéfice; mais alors ce bénéfice ne vous appartiendrait pas, puisque si la hausse fût survenue, vous n'auriez pas pu payer la perte et que les actionnaires auraient dû la supporter; dès lors c'est à eux qu'appartiennent les bénéfices que vous pouvez réaliser.

Si vous dites que c'est la maison de banque qui s'est chargée de ces risques, alors il faudra voir si elle-même pouvait les supporter, et si cela est démontré, c'est à elle que les profits reviennent et comme elle est constituée par actions, ces bénéfices ne vous appartiennent pas personnellement; Veuillez me dire, Messieurs, si en raison de la confiance qui m'était accordée, j'avais disposé, même dans les limites de mes ressources, des valeurs ou espèces commises à ma garde, les bénéfices m'en appartiendraient-ils légitimement?

Assurément non! à plus forte raison si j'avais été incapable de subvenir aux pertes.

L'obligation, qui existait de ma part envers vous, existe de la vôtre vis-à-vis des actionnaires.

Vous voyez donc que vous avez un compte sévère à rendre; et que la solidarité morale qui m'incombait ne pouvait cesser que par la cessation manifeste de nos rapports et par les moyens que je me suis assurés de prouver que tant qu'il m'a été donné de veiller aux intérêts des actionnaires, ils n'ont pas été sacrifiés à des intérêts particuliers.

Il ne reste plus qu'un point à traiter, celui de la rénumération à laquelle j'ai droit.

Je dois dire que vous n'avez mis aucun empressement, témoigné aucune sollicitude à cet égard.

Il n'a été dit incidemment qu'un mot à ce sujet, c'est lorsqu'il fut question des appointements de 12,000 fr. que M. J. réclamait pour accepter les fonctions de secrétaire général.

M. C...., avec qui j'en causais, me dit : mais que vous donnerions-nous donc?

Je lui répondis qu'à cet égard, il n'ait pas à se préoccuper, que je voulais courir les mêmes chances que vous, c'est-à-dire, ne rien obtenir si vous n'aviez rien et participer aux avantages, qui vous adviendraient.

Cette détermination était conforme à ma pensée; je me considérais comme représentant les actionnaires dans leurs rapports avec vous, messieurs, dont le double caractère de concessionnaires et de banquiers, n'était pas assez nettement tranché.

J'étais l'employé des actionnaires en tous temps; mais j'étais votre collaborateur, lorsque vous étiez seulement concessionnaires, et non pas votre employé; je donnais à tous l'exemple de la déférence; mais je restais tout-à-fait indépendant.

D'ailleurs, par mes antécédents, par la considération que j'avais su mériter, je n'étais pas en sous ordre.

Mais dans le traité tacite entre nous, il existait une clause, c'est que vous ne feriez rien qui puisse porter atteinte à notre considération et à l'intérêt commun.

Or, la position de l'un de vous, Messieurs, dès qu'elle me fut connue, ne rendait plus la solidarité possible de ma part.

Je ne pouvais plus accepter de communauté d'intérêts avec une personne qui, au malheur d'avoir subi une telle atteinte, ajoutait le tort impardonnable d'avoir accepté sous son nom les bienfaits du prince et de ne pas s'être tenu en dehors de toute société d'hommes sans reproches, qu'il ne pouvait que compromettre.

En second lieu, dès que vous avez agi, selon moi, contrairement aux intérêts des actionnaires, je ne pouvais plus rester avec vous en aucune condition de partage.

Vous m'avez donc obligé à me retirer, à renoncer à ma position, à mes droits acquis.

Je suis donc rentré dans ma condition privée avec mes services non rénumérés.

Dès lors les difficultés que vous me faites sont odieuses.

En admettant que j'aie encore à intervenir dans un partage avec vous, ne vous ai-je pas fait gagner environ. . . . 105,000 fr. qui ont servi à amortir des dépenses qui fussent venues réduire votre commission et environ. . . . . . . 80,000 que vous vous êtes partagés sans faire ma part.

$$\overline{}\ 185,000\ \text{fr.}$$

Eh bien ! une part de ces profits ne m'était-elle pas loyalement due ?

Vous direz : mais vous blâmez les opérations faites en juillet et août, et vous approuvez celles qui ont été faites antérieurement.

Je les signale ; mais je dis que ces opérations étaient dans les limites de votre pouvoir d'y subvenir en cas de perte, et que dès lors vous pouviez recueillir ces bénéfices sans scrupule ; que loin d'avoir été faites dans le sens de devenir profitables, qu'autant qu'il y aurait eu désastre, elles étaient basées sur la prospérité de la Société.

Mais ainsi que je l'ai exposé ci-dessus, ce sont des honoraires bien acquis que je réclame de la Société des Docks et non pas un partage quelconque avec vous.

Dans ma conduite, dans tout ce qui a été fait par moi, il n'y a pas
eu le moindre abus, l'oubli le plus léger et le plus fugitif de dé-
licatesse.

Envers vous, j'ai toujours montré les égards convenables.

Je n'ai donc aucun tort autre que celui de n'avoir pas voulu
conserver une responsabilité qui pouvait me compromettre, mais
que voulez-vous? mes relations avec vous n'ont pas créé le dévouement à vos personnes.

A qui la faute?

Et depuis, Messieurs, de quels dégoûts n'avez-vous pas cherché
à m'abreuver? — Trois mois de réclamations pour une chose si
simple! Vous n'avez pas craint d'employer contre moi, ces ruses,
ces moyens dilatoires qui vous sont habituels et dont vous m'avez
souvent rendu témoin.

Ces gardes avancés qui ne laissent arriver dans votre cabinet que
le nom des personnes qui s'impatientent dans votre antichambre,
pendant que vous ne faites rien ou faites sur rien d'interminables
discours.

Ces absences simulées; ces évasions furtives; ces prétextes de
l'absence de l'un de vous, qui empêché de prendre une décision,
de faire une réponse, est-ce ainsi que cela se pratique chez les vrais
banquiers vos voisins?

Ne les voit-on pas dans leur cabinet; ne les aborde-t-on pas sans
toutes ces façons?

Mais votre faiblesse vous fait éprouver une certaine satisfaction
à retenir dans votre dépendance, ceux que le hasard force de s'y
trouver un moment; vous leur donnez, comme vous le dites avec
tant de goût, *du bois d'allonge*; car c'est ainsi que vous appelez
le scandaleux procédé qui vous est habituel d'éluder les promesses, de manquer aux engagements; ou bien l'indigne abus de
profiter de la considération qu'on accorde à une position qui paraît
supérieure, pour employer des moyens dont rougissent vos gar-
çons de bureau.

Vous demandez le dévouement à vos personnes, Messieurs, tâ-
chez donc, auparavant, d'inspirer l'estime.

Louis PICARD.

Novembre 1833.

P. S. Je croyais, Messieurs, n'avoir rien autre à réclamer de vous, cependant j'apprends que l'on m'a attribué les ventes faites depuis le 14 juillet

jusqu'au 5 août. On a même laissé entendre que telle était la cause de ma retraite sur laquelle, par ménagements, on voulait bien ne pas s'expliquer plus ouvertement.

Je viens donc vous demander, Messieurs, de déclarer que ce n'est pas vrai ; mais de plus, d'affirmer que cela n'était pas possible.

En effet, les achats et les ventes d'actions des Docks ne s'étant jamais effectuées qu'au comptant, il fallait livrer de suite les actions vendues et payer également de suite celles achetées. Or, n'ayant à moi ni les titres, ni l'argent nécessaires, j'aurais dû me servir de ceux de la société, ce qui eut été de ma part un abus de confiance.

Quant aux fonds, ils étaient entre vos mains comme banquiers de la société, et pas un centime de ceux prélevés à votre caisse pour l'administration n'est sorti de mes mains sans avoir son emploi constaté sur les livres.

Quant aux actions, il n'y en a jamais eu à ma disposition que 5,328 (*), surlesquelles je vous en ai remis 2,800 le 4 juillet ; depuis ce jour jusqu'au 5 août je n'en ai conservé que 2,528. Ce n'est pas avec ce nombre que l'on a pu livrer les ventes qui ont été signalées à cette époque ; c'est avec 15 ou 20,000 actions ; mais ce n'est pas avec ces actions que l'on a livré ces ventes, puisque je vous ai rendu les mêmes, numéro pour numéro, lorsque j'ai résigné mes fonctions le 5 août, suivant le reçu que vous m'avez délivré et le livre d'entrée et de sortie de ces titres.

Ayez donc, Messieurs, la loyauté de dire que je suis resté complétement étranger à ces ventes et que ma retraite a été tout-à-fait volontaire.

(*) Voir le détail, page 7.

Paris. — Imp. de H. Carion, père, rue Richer, 20.